PUBLICATIONS DE LA RÉUNION DES OFFICIERS

MÉLANGES MILITAIRES
III. IV.

MODE D'ATTAQUE
DE
L'INFANTERIE PRUSSIENNE
DANS LA CAMPAGNE DE 1870-1871

PAR

LE DUC GUILLAUME DE WURTEMBERG

TRADUIT DE L'ALLEMAND

PAR

M. CONCHARD-VERMEIL
Lieutenant au 121ᵉ régiment d'infanterie.

PARIS
CH. TANERA, ÉDITEUR
LIBRAIRIE POUR L'ART MILITAIRE ET LES SCIENCES
Rue de Savoie, 6

1872

MODE D'ATTAQUE

DE

L'INFANTERIE PRUSSIENNE

PUBLICATIONS

DE LA RÉUNION DES OFFICIERS

I. — L'Armée anglaise en 1874, au point de vue de l'offensive et de la défensive.

Brochure in-12.................. 25 cent.

II. — Organisation de l'armée suédoise. — Projet de réforme.

Brochure in-12.................. 25 cent.

501 — Paris, Imp. H. Carion, rue Bonaparte, 64.

MODE D'ATTAQUE

DE

L'INFANTERIE PRUSSIENNE

DANS LA CAMPAGNE DE 1870-1871

PAR

LE DUC GUILLAUME DE WURTEMBERG

TRADUIT DE L'ALLEMAND

PAR

M. CONCHARD-VERMEIL

Lieutenant au 124e régiment d'infanterie.

PARIS
CH. TANERA, ÉDITEUR
LIBRAIRIE POUR L'ART MILITAIRE ET LES SCIENCES
Rue de Savoie, 6

1872

AVIS

DE L'ÉDITEUR FRANÇAIS

L'*Union militaire littéraire*, publication allemande qui a pris place parmi les meilleurs ouvrages militaires du temps, a publié un remarquable rapport du duc de Wurtemberg sur le *Mode d'attaque de l'infanterie prussienne dans la campagne de* 1870-1871. Le grand intérêt que présente ce travail nous a engagé à en donner la traduction.

Novembre 1871.

MODE D'ATTAQUE

DE

L'INFANTERIE PRUSSIENNE

Dès les premières nouvelles de victoire qui nous arrivèrent au mois d'août de l'autre côté du Rhin, le télégraphe nous annonçait « que les Bavarois avaient pris Wissembourg à la baïonnette, et que les Prussiens avaient enlevé le Geisberg du premier élan. »

Deux jours après, Wœrth, Elsasshausen et Frœschwiller étaient emportés d'assaut, et les hauteurs presque inaccessibles de Spicheren, près de Saarbruck, prises au pas de charge. Lorsqu'enfin parvint la nouvelle de la prise à jamais glorieuse, mais sanglante, du village de Saint-Privat par la garde prussienne, où la bataille près de Metz (appelée offilement aujourd'hui bataille de Gravelotte) se décida en notre faveur, il ne fut plus permis de douter que la vieille tactique offensive, même avec les canons se chargeant par la culasse, ne fût le seul mode d'attaque fécond en résultats assurant la victoire (et tous les nôtres, ainsi que l'armée russe, s'en réjouissent), et que la vieille attaque en masse, que l'on croyait bannie par les nouveaux canons, ne fut remise triomphalement à sa place.

Au commencement aussi, on croyait devoir douter de l'exactitude des bulletins de victoire des Prussiens; les brillants résultats, qu'obtint si rapidement l'armée prusso-allemande, prouvaient cependant que l'on ne pouvait plus discuter les rapports des premiers télégrammes. Par des relations plus détaillées, il devint même évident que la tactique d'attaque à la baïonnette avait donné des résultats d'une incomparable importance.

Une des causes principales qui me décida à courir, immédiatement après la conclusion de l'armistice, sur le théâtre de la guerre, fut de fixer mes idées sur la manière d'attaquer de l'infanterie prusso-allemande, et je crois, dans le peu de temps de mon séjour, avoir réuni assez de précieux détails pour pouvoir publier un document aidant à la solution partielle de cette question.

Je me permets de faire part, dans ce qui va suivre, de tout ce que j'ai appris et des conclusions que j'en ai tirées.

Avant de dépeindre l'offensive de l'infanterie prusso-allemande, je dois céder le pas à la défensive et je m'adresse d'abord à l'armée française.

Les Français, dès le commencement de la campagne, par les fautes stratégiques de leur commandement, ainsi que par les ingénieuses conceptions de de Moltke et leur merveilleuse réalisation par les chefs de l'armée prussienne, avaient été contraints à la défensive et amenés à un genre de combat peu conforme à leur nature, auquel ni les généraux ni les soldats n'avaient été, en temps de paix, suffisamment habitués et rompus.

La force de la défense repose principalement dans la justesse du tir. L'infanterie française était armée d'un fusil qui surpassait de beaucoup le fusil à aiguille prussien par sa légèreté, sa rapidité pour charger, sa portée, la tension de sa trajectoire, sa justesse et sa force de pénétration. Le chassepot est incontestablement une des meilleures armes qui existent présentement. Les désavantages qu'il présente ne sont rien en face de ses qualités.

Mais à quoi sert d'avoir la meilleure des armes entre les mains, si l'on ne sait pas s'en servir? Le soldat français connaissait les propriétés précieuses de son arme; mais une étude superficielle, qui comprend bien l'effet sans se rendre compte des causes, le conduisit à un mauvais usage de cette arme remarquable, ce qui fut fatal au plus haut point à l'armée française.

Depuis le combat de Mentana, ou la première fois le chassepot avait été mis à l'épreuve, la confiance dans la [supériorité d'une arme, qui tirait en une minute sept ou huit projectiles à une distance de deux mille pas, s'était fortement établie dans l'armée française.

Couvrir de projectiles les divisions ennemies à une distance de plus de mille mètres, sans qu'elles puissent répondre, s'approcher des positions qu'elles occupent à une distance de tir efficace, était érigé en axiôme par les tacticiens français et trouvait dans l'armée une approbation unanime.

Pour le tir à la plus grande distance, il faut viser au-dessus du dernier cran de la hausse, afin que la poussée de haut en bas de la crosse soit annulée.

Chacun sait combien l'art de viser est difficile. Mais on ne peut soutenir que le Français aime à se donner de la peine: l'insouciance et la routine, la mauvaise habitude que les anciens soldats avaient de faire feu sans que l'arme ait été placée à la hanche, leur faisaient mettre l'arme, la crosse en bas, dans la main gauche, sous une inclinaison de près de 45°, pousser précipitamment avec la main droite cartouche sur cartouche dans la chambre, et, sans viser, faire feu à peu près dans la direction de l'ennemi. On a trouvé pour cette manière de tirer le nom de « moulin à café. »

Bien qu'on ne pût admettre que les désavantages d'un gaspillage aussi insensé de munitions dussent rester cachés, cette funeste habitude se conserva néanmoins pendant toute la campagne. Des preuves sans nombre confirment les récits des officiers et soldats prussiens; les Français, surtout dans les derniers temps, ont tiré exclusivement de cette manière.

Placés derrière de hauts murs non crénelés; bien cachés dans des trous, derrière des retranchements, derrière des haies, ils lançaient leurs projectiles en quantité incroyable contre l'ennemi, vrais coups de hasard qui battaient un rayon de 1,200 à 1,800 pas du point de départ ou de l'emplacement des abris et couvraient de plomb toute une zone de terrain. Le nombre épouvantable de cartons que l'on peut trouver partout où ont tiré des détachements de tirailleurs français, la grande quantité de projectiles que l'on rencontre à des distances de 1,200 à 1,800 pas de ces endroits, pendant que, plus près, ils se montrent bien plus rares; les traces des balles aux arbres et aux maisons, qui prouvent avec évidence la direction fortement tendue de la trajectoire, ne laissent aucun doute sur la manière de tirer des Français.

Ce tir exécuté commodément et en sûreté était désastreux pour les détachements qui tombaient au milieu d'une telle pluie de balles; mais il attirait aussi l'ennemi dans un rayon plus rapproché et moins exposé, d'où il pouvait avec ses armes, tirer des coups efficaces et le tireur se trouvait bientôt sans défense par suite de son incessant gaspillage de munitions.

Partant du principe vrai, que la défensive, même avec le meilleur choix et la fortification la plus ingénieuse des positions (et dans cet art les Français ont déployé une habileté de maître), doit rester sans résultat et être bientôt brisée, quand elle ne s'allie pas à l'occasion avec l'offensive, les Français ne manquèrent jamais de faire des attaques de ce genre.

Mais là aussi se voyaient encore le caractère superficiel et le défaut de réflexion, qui sont évidemment le propre des nations latines.

Ils agissaient d'après l'exemple, l'ordre une fois donné et adopté, sans se demander pourquoi l'offensive qu'ils cherchaient restait constamment sans résultat.

L'offensive franche, directe, fut seule et exclusivement employée par la défense. Avec un courage hardi, une grande vivacité et un élan incomparable, leurs masses profondes se précipitaient des abris qui les couvraient contre l'ennemi, masquaient par leur sortie le feu de leurs propres tirailleurs, tombaient bientôt sous le feu à volonté ou de salve de leurs adversaires placés ou amenés en position, et étaient forcés avec des pertes énormes, de se retirer derrière leurs abris.

Les mouvements de flanc, l'offensive par saccades et par bonds de petits détachements, qui s'assemblent et se renforcent peu à peu sous la protection du feu parti d'un bon abri, pour tenter alors à une plus faible distance une attaque vigoureuse contre l'ennemi, toutes ces manœuvres ne furent que le plus rarement possible mises en jeu par les Français.

Si je me suis aussi longtemps appesanti sur ces deux points, c'est que j'y crois reconnaître les deux causes principales des désastres des Français. Les opérations stratégiques menées de main de maître, la supériorité incontestable de l'artillerie prussienne, les services extraordinaires rendus par les reconnaissances de cavalerie, n'auraient pas amené des résultats tels que cette campagne en présente, si l'infanterie française avait mieux combattu et avait été plus manœuvrière.

J'arrive maintenant à l'offensive prussienne. La formation réglementaire pour une attaque offensive est la formation par demi-bataillons, de manière que dans chaque bataillon deux compagnies marchent avec les pelotons de tirailleurs et entretiennent seules le combat aussi longtemps que possible, pendant que les deux autres compagnies suivent comme réserve ou soutien.

Cette disposition de combat ne pouvait être maintenue en face du chassepot à longue portée, parce que la réserve, par suite du tir précédemment décrit des Français, souffrait plus que les troupes qui combattaient véritablement.

C'est en tout cas une preuve du courage de la troupe, aussi bien que de l'intelligence des chefs, que les pertes énormes, que subirent les détachements dès leur premier engagement avec l'ennemi, ne causèrent pas de mouvement de retraite, mais amenèrent les compagnies de soutien à chercher un abri contre un feu meurtrier : la formation en demi-bataillons se transforma ainsi en ligne de colonnes.

L'instruction supérieure des tireurs prussiens, leur indépendance, unie à la direction habile et confiante des commandants de compagnie, produisirent dès le premier engagement de brillants résultats.

La prise d'assaut de Geisberg près de Wissembourg réussit par un emploi convenable des abris, que présentaient les pentes douces et en forme de terrasses du Geisberg couvert de champs non encore moissonnés, sans doute aussi grandement facilitée par la supériorité des forces, l'attaque de flanc du 11e corps et l'utile préparation de l'artillerie.

L'attaque consista continuellement à rassembler en avant les détachements éparpillés dans la marche, derrière les plus petits abris que présentaient fréquemment les plis du sol et les angles morts, à gagner du terrain par bonds et saccades, dispersés en tirailleurs, puis de nouveau groupés ; l'attaque prit ensuite, lorsqu'on se rapprocha de tous côtés du sommet plus faiblement occupé, le caractère exclusif d'un assaut direct et général.

Ainsi fut l'attaque de Wœrth. Sans m'étendre sur les détails de ce combat, je dois seulement faire remarquer que Wœrth fut de plus un combat fatal, engagé sans l'ordre du général en chef par les commandants de corps. L'intention du Prince Royal paraît avoir été de n'attaquer que le 7.

La position de Mac-Mahon était loin d'être mauvaise, bien que la position voisine sur la rive gauche du Sulzbach entre Gersdorf et Gunstett doive être regardée comme plus forte.

Les vraies clefs de la position étaient Wœrth et le Nieder-Wald, qui s'étend d'Elsasshausen à la chaussée en face de Spachbach. L'accès de ces deux points était comparativement facile pour les détachements de tirailleurs prussiens, puisqu'en rase campagne ils n'étaient exposés au feu des Français que sur une faible étendue. Dès le premier moment de l'attaque, les chances les plus variées se présentèrent également aux deux partis, car l'assaillant, aussi bien que le défenseur, protégé par des abris, ne pouvait par cela même débusquer son ennemi. L'emploi plus intelligent des abris par l'infanterie prusso-allemande, ainsi que la supériorité de l'artillerie, décidèrent la question en faveur de l'assaillant.

Du reste, comme à Wissembourg, le combat dégénéra en mêlée générale, mais après seulement que la résistance de l'ennemi eût été complètement brisée.

L'action offensive, que la division Conseil Dumesnil tenta contre l'aile gauche des Prussiens (11e corps) près de Gunstett, était loin d'être habile. Nullement réclamée par la stratégie et la tactique locale, sa non-réussite fut pour beaucoup dans la défaite de l'armée de Mac-Mahon.

De la bataille de Gravelotte, je n'ai qu'un épisode à peindre, et c'est l'attaque de Saint-Privat. Il est d'un tel intérêt qu'il demande une courte description du champ de bataille.

Le champ de bataille du 18 août est une des plus fortes et des plus remarquables positions que l'on puisse imaginer. C'est un terrain labouré montant faiblement par quelques douces ondulations : l'une d'elles, derrière la position capitale, représente un entonnoir dont le bord oriental dépasse le bord occidental et donne naissance à une position, qui est bornée à l'est par la chute brusque du plateau, derrière lequel il est possible de couvrir des réserves, sans qu'elles aient cependant les mouvements libres. A droite, c'est-à-dire devant Roncourt et Saint-Privat, le terrain est complétement libre et découvert. Devant Amanvillers, s'étend à près de deux kilomètres, le long de la position principale, le bois de la Cusse, qui est très clair-semé.

Devant toute la gauche se trouve une dépression, qui finit par un ravin auquel conduit le chemin creux appelé le défilé de Gravelotte. Ce ravin est comblé au nord des défilés à travers le bois de Genivaux, et l'on ne peut nier que ce bois et le ravin ne soient un moyen de couvrir l'approche de l'agresseur, c'est-à-dire un désavantage pour la défense. Mais la position principale reste encore à une distance de 1,200 à 1,800 pas du ravin, qui, même plus loin, sur la pente, est très-difficile à franchir, de sorte que les avantages et les désavantages se balancent. La position n'offre pas véritablement d'appuis pour les ailes; mais l'aile gauche était protégée par les ravins, dont le débouché se trouve dans le voisinage des forts de Metz, pendant que l'aile droite était fort éloignée des avant postes ennemis.

La partie occupée de la position avait 12 kilomètres d'étendue. Les Français n'avaient que faiblement défendu les approches, et, suivant leur habitude, n'avaient pas fait d'abattis. On avait creusé çà et là, sur les points principaux, des trous pour les tireurs, ce qui était une exagération, à cause des abris étagés dont nous avons parlé. Dans Saint-Privat, les murs des maisons étaient presque à la même hauteur les uns derrière les autres, de sorte que les défenseurs des premiers étaient fusillés par ceux des derniers. Quant aux autres constructions et aux villages de la position, ils n'offraient aucune défense particulière. Amanvillers se trouve presque invisible dans un pli de terrain, Roncourt et Saint-Privat comptent peu de maisons, Montigny-la-Grange, la Folie, Moscou, Saint-Hubert et le Point-du-Jour sont des maisons isolées, des fermes.

On sait par les nombreuses relations de la bataille, que l'aile droite prussienne (1re armée) était déjà engagée dans une lutte opiniâtre près de Gravelotte, que la gauche (2e armée) continuait vers le nord sa marche par échelons, et conversait ensuite par mouvements successifs sur la ligne de bataille.

La garde, ainsi que le 12e corps saxon, placés à l'extrême gauche, rencontrèrent à Sainte-Marie-aux-Chênes une très-énergique résistance et, après l'avoir vaincue, le 12e corps continua sa marche vers le nord, pendant que la garde faisait une conversion à droite et marchait entre Habonville et Sainte-Marie-aux-Chênes, face et contre Saint-Privat.

Déjà, pendant l'attaque de Sainte-Marie-aux-Chênes, le commandant d'artillerie de la garde, le prince de Hohenlohe, avait réuni 84 pièces contre Saint-Privat et canonné la position des Français d'abord à une distance de 2 kilomètres (2,640 pas), puis à environ 2,000 pas, de la manière la plus efficace.

A 5 heures de l'après-midi le commandant de la garde crut l'ennemi suffisamment ébranlé, pour oser tenter l'attaque sur un terrain découvert, complétement dépourvu d'abris et montant faiblement.

La 4e brigade de la garde (Kessel) s'élança la première d'Habonville en deux lignes de colonnes dans la direction de Saint-Privat, précédée de pelotons de tirailleurs; un quart d'heure après, la 1re division de la garde (Pape) sortit de Sainte-Marie-aux-Chênes et dans le même ordre. Sainte-Marie est à deux kilomètres, Habonville à trois environ de la clef de la position française; les deux brigades arrivèrent ainsi presqu'en même temps dans la zone dangereuse du feu ennemi.

Le front d'attaque ne comptait guère plus de 2,000 pas, de sorte que les hommes étaient sur 10 rangs : ce fut certainement la formation la plus profonde qu'aient employé les Prussiens dans cette campagne. L'effet du tir ennemi fut si meurtrier à plus de 1,500 pas, que, dans les brigades actives, plus de 6,000 hommes tombèrent en 10 minutes : il fallut aussitôt suspendre la marche en avant.

Ne pas se laisser rompre par la puissance terrible du feu ennemi provoquant un échec momentané, rester toujours prêt à combattre dans la main de ses chefs, pouvoir, cinq quarts d'heure après, lorsque les Saxons eurent poussé leur marche jusque sur les hauteurs de Roncourt et par un mouvement tournant parvinrent à déborder l'aile droite française, renouveler victorieusement l'attaque, de concert avec le 9e corps placé à la droite de la garde, telles sont les marques brillantes de la bravoure et de la discipline, qui sont innées dans le corps de la garde prussienne.

La détermination rapide du commandant de la garde, qui fait cesser au vrai moment l'attaque déjà commencée, et prévient ainsi la ruine inévitable de son corps, n'est pas moins digne d'admiration.

L'attaque en ligne de colonnes en terrain découvert, malgré un succès final, fut regardée comme impossible en général, comme cause d'un sacrifice inutile d'hommes, et définitivement rejetée.

L'exemple du combat du Bourget montrera quelle autre formation pour l'attaque fut alors adoptée et appliquée avec succès par la garde elle-même. Je dois pourtant le faire précéder de quelques observations sur la manière générale d'attaquer des Prussiens.

On connaît la prédilection des Prussiens pour l'attaque

concentrique. Les succès qu'elle procura, toutes les fois qu'elle fut rapidement exécutée, la justifient.

Il résultait le plus souvent des marches parallèles une attaque concentrique, parce que les troupes prusso-allemandes marchent sur un front très-large, pendant que rarement plus d'une division suit la même route, et parce que l'offensive normale, telle qu'elle a eu lieu dans toutes les occasions, se prenait par l'enchaînement logique suivant.

Dès que l'avant-garde avait rencontré l'ennemi, elle l'arrêtait et engageait avec lui une lutte sérieuse pour le contenir. Aussitôt, le plus d'artillerie possible était envoyé en avant, pour agir contre le front de l'ennemi, à la distance la plus rapprochée, souvent de 1,400 à 1,600 pas, pendant qu'on dirigeait l'infanterie contre une aile du corps ennemi (si la position offrait peu de front, contre les deux ailes) pour l'entourer. Les portions d'infanterie les moins bonnes restaient en réserve. Toutes les autres troupes étaient aussitôt dirigées contre l'aile ou les deux ailes, ou bien conduites derrière les troupes engagées, pour relever les réserves.

Il n'y eut dans toute la campagne qu'un cas à signaler, où un corps (le 2ᵉ corps devant Metz, le 18 août) en perça un autre dans l'attaque. A peine envoya-t-on quelques bataillons ou régiments isolés remplir l'ouverture qui s'était produite par la marche de flanc de nos troupes pour déborder l'ennemi.

Ainsi, dans l'offensive comme dans la défensive, les fronts employés par les troupes prusso-allemandes étaient extraordinairement étendus, la ligne d'attaque étant par cela même très-mince et les réserves, comme je l'ai dit, très-faibles.

La cavalerie pendant l'attaque restait ordinairement en réserve. Il faut cependant signaler quelques cas où elle exécuta des charges, et où elle couvrit la retraite de l'infanterie ; mais son rôle pendant l'action n'en fut pas moins habituellement passif. Ce n'était pas sur un champ de bataille

que la cavalerie pouvait cueillir des lauriers, mais dans la petite guerre.

La séparation en deux des divisions et corps prussiens, combinée aux deux formes fondamentales de l'offensive mentionnées plus haut, fit que le front d'attaque présentait l'aspect d'une tenaille ; deux colonnes marchaient à grandes distances l'une de l'autre pour déborder les flancs de la position, chacune cherchant à entourer l'aile ennemie de son côté, pendant que le centre ne s'étendait que comme une faible réserve, formant lien entre elles.

Un magnifique exemple d'attaque en tenaille est la bataille de Sedan. Un plus petit, mais très-instructif, est le combat de Saarbruck.

La position de Saarbruck se divise en trois parties : d'abord tout près de la Saar, les hauteurs dominant la ville — séparées de la célèbre position de Spicheren par un profond entonnoir, dont la largeur est de 2,000 pas à l'ouest et de 1,000 à peine à l'est. La position de Spicheren est dessinée par une pente brusque très-difficile à gravir et couverte de bois, qui appuie son flanc droit à la Saar à l'est, pendant que la gauche se replie vers Forbach, de sorte que le point, où la route de Saarbruck conduit en arrière à Spicheren, représente une sorte d'éperon, qui était en partie muni de retranchements. La roideur et les arbres de la pente, d'une utilité visible et capitale pour la défensive, sont précisément ce qui atténue le plus la valeur de la position. La défense énergique de la lisière du bois ne peut être soutenue jusqu'au bout, parce que le défenseur n'a pas de retraite sur ces talus à pic ; la retraite par les hauteurs est même rendue très-difficile par le bois et la roideur de l'escarpement. Il est incomparablement plus facile de pénétrer dans le bois par Saint-Arnual (Darlen).

La troisième position, celle des hauteurs derrière Spicheren, est la meilleure des trois, parce qu'elle a devant elle un terrain découvert au loin et montant doucement. Vers Forbach la 2ᵉ position se rencontre avec la 3ᵉ, et le point d'appui du flanc gauche est représenté par un bois épais. Mais si elle est désavantageuse pour la défensive, il est permis de l'apprécier beaucoup pour l'offensive, du côté où le flanc droit est bien appuyé à la Saar. Pendant le combat, les Français n'avaient occupé que les 2ᵉ et 3ᵉ positions.

Les 7ᵉ et 8ᵉ corps de la 1ʳᵉ armée et le 3ᵉ corps de la 2ᵉ armée, puis la 5ᵉ division de cavalerie, étaient le 6 août, sur les bords de la Saar, aux environs de Saarbruck. A chaque division avait été désignée une route particulière comme direction à suivre; ces routes étaient la plupart éloignées les unes des autres d'un demi-mille : ainsi les détachements d'armée marchaient sur un front étendu. Les avant-gardes des divisions, de force et de composition différentes, allaient de trois quarts de mille à un mille en avant des troupes de soutien. La cavalerie avait déjà commencé le service d'éclaireurs, et l'on connaissait assez exactement la position et les forces des Français.

Remarquons ici qu'on n'avait pas en vue d'attaquer le 6, et que le général de Kameke, commandant la 14ᵉ division, n'engagea le combat que parce que, averti du dessein des Français d'abandonner la position, il voulut les retenir, à cause des combinaisons stratégiques arrêtées d'avance.

Les Français, en effet, avaient déjà presque complétement abandonné la position de la Saar et se tenaient sur les hauteurs au sud de Spicheren et près de Forbach. Mais à l'approche de leurs adversaires, ils occupèrent de nouveau le bois de Stiering et le bord escarpé des hauteurs au nord de Spicheren.

La 14ᵉ division marcha, une brigade (la 27ᵉ) vers le pont de la ville, l'autre (la 28ᵉ) vers celui du chemin de fer, de sorte que les brigades d'infanterie se trouvèrent au moment du passage à 3,000 pas l'une de l'autre. Entre elles, quelques régiments de cavalerie et des batteries de la 5ᵉ division de cavalerie (Rheinbaben) passaient la Saar.

L'aile droite (28ᵉ brigade), dès qu'elle eût traversé la rivière, se précipita dans le bois contre l'ennemi et, à l'abri des arbres, put se déployer. De même le Winterberg favorisa la marche de la 27ᵉ brigade ; mais le régiment n° 39 paraît s'être avancé trop vite et trop directement contre le mont Spicheren, à travers l'entonnoir découvert sur une largeur de 2,000 pas, et éprouva des pertes énormes. Ce régiment dût-il se retirer jusqu'au Winterberg, ou s'est-il maintenu dans l'entonnoir? C'est ce qu'on ne sait trop encore. Un bataillon du 74ᵉ régiment se déploya sur le Winterberg et s'avança à la gauche du 39ᵉ ; ses tirailleurs franchirent l'entonnoir et réussirent à atteindre la lisière du bois, qui, je l'ai dit, ne fut pas partout défendue avec opiniâtreté, parce que la pente était à certains endroits si roide, qu'il était impossible aux défenseurs de la lisière du bois de la gravir sous le feu de l'ennemi, en battant en retraite. Les deux autres bataillons restèrent au Winterberg ; une marche directe n'était pas possible.

Cependant l'artillerie divisionnaire de la 14ᵉ division et 2 batteries de la division de cavalerie n° 5 étaient parvenues au Galgenberg et canonnaient particulièrement la partie du mont Spicheren qui s'avance en forme d'éperon, et sur laquelle un mauvais chemin monte en tournant vers Spicheren, à une distance de moins de 2,000 pas. La cavalerie se tenait derrière, couverte par le Galgenberg.

A 3 heures de l'après-midi, le combat s'était complétement arrêté. Les Français n'entreprenaient rien, parce qu'ils s'occupaient de rallier leurs troupes, et les Prussiens étaient dans une situation assez critique, attendant des renforts et se bornant à présenter le combat.

Le général de Göben, commandant le 8ᵉ corps, arriva

enfin sur le champ de bataille avec le 40ᵉ régiment et le dirigea aussitôt vers l'aile gauche; il reconnut que le seul point attaquable de la position était l'endroit où l'entonnoir se rétrécit et où les hauteurs s'aplatissant étendent leurs ramifications boisées vers Saint-Arnual jusqu'à la Saar.

Mais le 40ᵉ régiment ne suffisait pas pour atteindre le vrai point d'attaque; aussi envoya-t-on également à l'aile gauche la brigade Döring, du 3ᵉ corps, dès son arrivée, à 3 heures et demie, afin d'entourer dans la direction de Saint-Arnual la position ennemie.

Cette brigade dut remonter fortement à gauche, ce qui amena un vide entre elle et le 40ᵉ régiment. Une attaque de la 27ᵉ brigade resta sans résultat, et les tirailleurs du 40ᵉ régiment réussirent seuls à se fortifier sur la lisière inférieure du bois qui couvrait la pente.

Pendant ce temps arrivait le 12ᵉ régiment (10ᵉ brigade, 5ᵉ division, 3ᵉ corps), qui garnissait l'ouverture entre le 40ᵉ et la brigade Döring. Deux bataillons de ce régiment franchirent avec la plus grande bravoure l'entonnoir, large dans cet endroit d'environ mille pas, et amenèrent avec des pertes énormes non-seulement leurs tirailleurs, mais encore quelques pelotons serrés dans l'angle mort, qui était formé par la brusque déclivité de la hauteur appelée la montagne Rouge (Rothenberg). C'est un point déboisé de la ligne des hauteurs, qui finit rapidement vers le nord entre le Brenn-d'Or et Saint-Arnual. Les Français l'avaient garni de trous, d'où ils criblaient les assaillants de projectiles.

La prise de ces hauteurs par le 12ᵉ régiment est ce que l'on entend vulgairement par l'assaut du mont Spicheren.

Si héroïque qu'ait été cet assaut, qu'il faut considérer comme une preuve de l'intelligence des troupes, on ne doit pourtant pas lui attribuer l'honneur d'avoir décidé du sort de la journée, qui appartient évidemment à l'attaque de la brigade Döring contre l'extrême droite des Français. La pointe de la brigade perçait à travers les bois sur le plateau de Spicheren, au moment même où les soldats du 12e s'emparaient des trous des tirailleurs.

Malgré le succès de l'aile gauche prussienne, on ne put cependant pas déloger les Français de la saillie de l'éperon et les repousser sur la route de Spicheren : il fallut amener deux batteries sur la gauche, pour forcer l'ennemi à évacuer complétement les bords du plateau. Ici se produisit le fait curieux d'une batterie de cavalerie traversant des sentiers à travers bois, que le chef d'un détachement de cavaliers avait regardés comme trop roides pour ses chevaux.

Il faut remarquer la vitesse et l'habileté avec lesquelles la position gagnée par les Prussiens sur le bord du plateau, le long de l'étroite lisière du bois, fut occupée par l'infanterie et renforcée par l'artillerie, de sorte que tous les retours offensifs des Français, pour reprendre le plateau de Spicheren, restèrent complétement sans résultat.

Du côté des Prussiens, on se contenta d'occuper fortement avec l'aile gauche la position gagnée, pendant qu'on pressait activement la marche de l'aile droite.

Pendant ce temps, 6 bataillons frais de la 5e division (3e corps) étaient arrivés. On en forma tout d'abord un soutien placé au centre. Le défaut de réserve aurait pu devenir dangereux.

Les hauteurs prises, sans lui laisser le temps de respirer, on envoya la réserve à l'aile droite, partie à gauche dans la direction du Brenn-d'Or, partie, après que la gauche ennemie eut été tournée, dans la direction de Stiering. Elle entra en ligne avec une efficacité et un succès tels, que les Français furent refoulés vers Forbach et le Kreutzberg. Vers 8 heures du soir, la 13e division (7e corps) arriva de Rockershausen, près de Forbach et fit encore une attaque contre la position faiblement occupée par les Français. Cette démonstration, qui menaçait leur principale ligne de communication, mit le plus grand trouble dans leurs rangs.

Si je suis entré dans les détails du combat de Saarbruck, c'est qu'il est un bon exemple de la tactique de l'infanterie prussienne, et que je voulais aller au-devant d'une opinion mainte fois répandue, que la position des Français près de Saarbruck avait été enlevée par une charge hardie à la baïonnette. Tout ce que l'on peut dire, c'est que des nombreuses attaques, menées par les Prussiens avec une bravoure extraordinaire, une seule réussit, et encore ce succès fût-il dû au mouvement tournant préparé de bonne heure.

Les combats de la première période de la campagne de 1870 nous présentèrent la preuve irréfutable que l'attaque en ligne de colonnes en terrain découvert était un sacrifice d'hommes inutile.

Mais on ne pouvait pas non plus proscrire complétement l'attaque en terrain découvert et arriver au but par l'emploi exclusif des mouvements tournants, qui sont souvent impossibles dans les grandes batailles.

Il fallut donc trouver une nouvelle formation d'attaque. Elle fut réglée par les commandants de la garde et du 3ᵉ corps et appliquée avec succès au Bourget.

A la prise du Bourget (au nord du fort d'Aubervilliers, près de Paris), le 30 octobre 1870, là garde se trouva en position d'essayer la nouvelle manière de combattre. — Je veux peindre le plus succinctement possible ce combat et le mode d'action, auquel on pourrait du reste trouver quelque ressemblance avec le système, dont M. le général major, baron Mondel, fit l'application à une manœuvre d'automne de 1869, au mont Dachlowitz.

Le Bourget est un long village, dont les jardins sont entourés de murs hauts, longs et directs, qui se coupent à angle droit, et qui avaient été organisés défensivement au moyen de créneaux et de mouvements de terre. Les avenues étaient barricadées. L'attaque fut menée de trois côtés à la fois, qui sont Blanc-Mesnil, Dugny et le milieu de la chaussée.

Les deux colonnes de flanc envoyèrent en avant des pelotons de tirailleurs, qui gagnèrent du terrain à la course, puis se jetèrent à terre. Derrière, suivaient, également au pas de course, les réserves et soutiens divisés en petits groupes. Lorsque ceux-ci se furent couchés pour reprendre haleine, les tirailleurs se mirent de nouveau à courir et, simultanément, appuyèrent vers les côtés extérieurs ; à bonne distance de tir, ils se recouchèrent et commencèrent alors le feu contre l'ennemi. Les vides formés par cette marche oblique furent remplis par des lignes de pelotons ; les ailes s'allongeaient en même temps par l'arrivée en échelons de compagnies isolées, mais toujours en ordre déployé, de sorte que l'attaque concentrique, qui serait peut-être devenue plus profonde en se rapprochant, resta toujours en mesure de déborder la ligne ennemie. Les détachements dispersés se servaient de chaque abri qui se présentait, pour se réunir et se reformer. C'est ainsi que, devant le flanc nord-est, une rangée de tas de fumier restés dans les champs servit de lieu de rassemblement à toute une compagnie, qui ouvrit de là un feu destructeur contre les sorties de l'ennemi. De l'autre côté, l'escarpement du ruisseau de Moleret offrit quelqu'abri qu'occupèrent aussitôt plusieurs compagnies massées, pour s'opposer à une contre-attaque dirigée de Drancy.

Le mécanisme de l'attaque consistait principalement dans le passage rapide de l'ordre déployé à l'ordre concentré, dès que l'abri même le plus insignifiant permettait un rassemblement du rang ou de la compagnie, du côté où étaient en mouvement, en terrain découvert, des lignes de pelotons à grands intervalles; celles-ci présentaient alors l'aspect agité d'une fourmillière.

L'aile droite était restée en arrière, le centre ne s'était pas suffisamment déployé et s'assujettissait trop à la formation habituelle; les pertes étaient énormes. Mais l'aile gauche s'avançant en lignes d'attaque longues et minces, sous le lieutenant-colonel comte Waldersee, réussit à exécuter une charge en tirailleurs jusque sous les murs des jardins, à faire cesser le feu qui en partait, et à pénétrer de côté et par derrière dans le village.

Ses défenseurs cédèrent alors. Le général Budritzki put arriver de loin et entrer à son tour, pendant que la colonne de droite parvenait, sans de trop grandes pertes, à atteindre l'entrée de derrière.

L'attaque en ordre déployé, soutenue par des tirailleurs, fut adoptée depuis comme seul mode d'offensive en terrain découvert, et l'on défendit sévèrement de présenter à moins de 2,000 pas, des divisions massées au feu de l'ennemi.

Les mitrailleuses et les canons à portée si juste ne le permettraient pas, quand même le fusil se chargeant par la culasse serait entre les mains de tireurs aussi peu habiles que les soldats français dans cette guerre.

Mais si ce fusil est manié par un bon tireur, on peut affirmer que toute attaque en formation profonde est impossible en terrain découvert, et que même l'attaque en ordre déployé avec des tirailleurs coûtera beaucoup de sang.

Ce n'est qu'en terrain couvert et coupé que les Prussiens employèrent ce genre d'offensive. Des colonnes ainsi protégées et inaperçues réussirent souvent à s'approcher à plus de 2,000 pas, et l'on put engager une lutte régulière par pelotons, pendant que le chassepot n'avait pas trop de supériorité.

Mais pour gagner complétement la position ennemie, il fallait finalement franchir un espace découvert; on employait alors l'élan des tirailleurs, tentative souvent infructueuse, ou on lançait en avant et sur les flancs les détachements en réserve. Ces manœuvres se répétaient, jusqu'à ce qu'on eût trouvé le côté faible de l'adversaire, et que les tirailleurs eussent réussi à pénétrer et à se loger dans la position.

Mentionnons aussi la prédilection des Prussiens pour les terrains boisés dans leurs mouvements offensifs. L'instruction solide de leur infanterie leur procura du reste une supériorité marquée sur leurs adversaires.

Il faut encore signaler, dans cette guerre d'aspect si varié, quelques autres genres d'attaque, qui ne sont remarquables que par leur singularité. C'est ainsi qu'au Mans deux bataillons de chasseurs, pendant la nuit, firent une attaque en masse, sans charger ni tirer, tout doucement, et sans se faire voir, et prirent dans le plus grand silence une position importante et bon nombre de prisonniers.

Une autre fois, un détachement français abandonna précipitamment les trous, d'où il tirait, en entendant pousser des hurrahs. Pour que de semblables plaisanteries ne tournent pas au tragique, il faut se trouver en face d'armées comme en avaient Chanzy au Mans et Trochu à Paris.

Les Français inaugurèrent un genre d'attaque caractéristique et qui devait réussir contre le Bourget et contre le château de Ladonchamps, au nord de Metz. Ils s'avancèrent de Drancy d'un côté et de Woippy de l'autre à la sape volante. La suspension d'armes, ainsi que la capitulation, interrompit ce travail déjà fort avancé.

Ce cheminement à la sape volante, ainsi que les tranchées et les trous pour tirer, était un excellent moyen imaginé par les Français pour couvrir et protéger l'infanterie. Ils plaçaient dans la terre, qu'ils rejetaient à l'extérieur, des corbeilles tressées en forme de cône, présentant un trou de trois pouces de diamètre, de sorte que le fantassin n'avait pas besoin de tirer par-dessus et se trouvait mieux couvert que derrière un mur crénelé. On imagina souvent aussi de placer en croix des sacs en terre, dont l'un était retiré, et laissait une ouverture, par laquelle on pouvait faire feu. L'emploi des corbeilles est plus avantageux que celui des sacs à terre, parce qu'elles fournissent un plus grand champ de tir.

Enfin je dois faire remarquer un détail de la plus haute importance, qui ressort du reste de ce que j'ai dit; il mérite cependant qu'on y insiste et qu'on le pèse sérieusement.

Dans les vieux livres de tactique nous trouvons posé en principe qu'une position paraît suffisamment occupée, lorsqu'on peut compter pour un front d'un mille (7,532 m.) 100,000 défenseurs, et que la même proportion existe dans l'étendue du champ de bataille.

Malgré le perfectionnement en portée et en justesse des armes à feu, ce principe a survécu dans les dernières instructions.

L'armée française n'est pas assez habile manœuvrière pour se passer de cette règle. Nous trouvons dans toutes leurs positions les Français tellement massés, que l'on en compte plus de 10,000 par kilomètre.

Ils offraient ainsi par leur formation serrée, mais non profonde, un merveilleux objectif à l'artillerie ennemie, et empêchaient par leurs propres mouvements, qui se faisaient presque toujours en ordre de bataille, l'effet si puissant de leur feu.

On ne vit jamais de troupes aussi serrées qu'à la bataille de Sedan. L'espace que toute l'armée française occupa pendant la bataille fut au commencement de l'action de moins d'un tiers, puis d'un cinquième à peine de mille carré.

L'armée était ainsi tellement repliée sur elle-même, que chaque homme n'avait que 14 pas carrés environ pour se mouvoir. Avec une formation si compacte et dans une position si peu couverte, chaque éclat d'obus devait porter.

Mais les dispositions des Français à Sedan échappent à la critique, puisque des considérations politiques et personnelles dominaient la question militaire.

A Metz, la bataille du 16 août, appelée bataille de Mars-la-Tour, nous prouva que les Français, sans y être forcés par les circonstances, massaient leurs troupes de la manière la plus déraisonnable.

Les Français, il est vrai, étaient ce jour-là la partie attaquée, mais très-vite, et avec raison, ils prirent l'offensive.

Au lieu de chercher à gagner une des ailes ennemies, ils se bornèrent à des attaques directes et à renforcer leurs propres flancs.

La garde, qui avait déjà commencé la lutte contre la droite des Français, vers le bois des Oignons, reçut l'ordre de s'arrêter, par crainte pour le centre; et pourtant les uns derrière les autres, sur un terrain entièrement découvert, légèrement ondulé, qui ne présentait à l'aggresseur, excepté le bois peu épais de Vionville, aucun abri pour s'avancer, sur un front de 10 kilomètres, entre Rezonville et Mars-la-Tour, deux corps se tenaient à l'aile droite au nord de Mars-la-Tour, et trois corps à la gauche au nord de Vionville. Ces cinq corps d'armée combattirent toute la journée sur un espace d'un demi-mille carré contre un ennemi plus de moitié moins nombreux, les deux partis sur un terrain ouvert et presque sans abri.

A Metz, le 18 août, le front de la position française n'avait pas tout à fait 12 kilomètres pour 150,000 hommes.

Je ne puis me ranger à l'opinion du général russe Leer (*Vedette* n° 58), qui, par suite de la nature du terrain, trouve trop étendue la forte position des Français, bien que, d'après sa propre déclaration, il faille compter de 8 à 9 hommes par pas. A mon avis, les Français auraient dû prolonger leur aile droite jusqu'au ruisseau de l'Orne, c'est-à-dire de 4 kilomètres, et dans leurs belles positions rester strictement sur la défensive, jusqu'à ce que toute l'armée prussienne fut engagée ; une offensive par le bois de Vaux, c'est-à-dire contre la ligne de retraite des Prussiens, aurait eu alors l'effet le plus décisif. Il est vraiment facile de critiquer après coup, mais non d'agir lorsqu'il est temps : nous ne savons même pas au juste les causes du parti qu'ils prirent et qui amena fatalement la capitulation de Metz.

Faidherbe occupait avec 80,000 hommes 6 kilomètres seulement de la forte position de l'Hallue (au nord-est d'Amiens), bien que le général de Manteuffel qui l'attaquait n'eût pas la moitié de ce chiffre, et la position de l'aile droite invitait véritablement à une plus grande extension.

La position de Chanzy au Mans, le 12 janvier 1871, avait un front de 12 kilomètres ; son armée, d'après les rapports du colonel anglais Elfinstone, devait compter près de 200,000 hommes.

Ce n'est qu'à la bataille de Wœrth, aux combats de Meung et de Beaugency, que nous trouvons les Français sur un front plus étendu.

Pour l'offensive, les Français massaient encore plus leurs troupes que pour la défensive, comme le prouvent la bataille du 16 août à Metz, que je viens de décrire, et celle du Mont-Valérien, le 19 janvier 1871.

Si l'artillerie prussienne pouvait se montrer dans toute son action, la faute en revient à la tactique française, qui lui opposait des masses humaines.

Une armée, qui s'en tient à ce principe que, dans un engagement, il faut compter 100,000 hommes par mille, ne sera jamais manœuvrière. Quand le trouble les saisit, les limaces se cachent dans leurs coquilles et les tortues sous leurs cuirasses d'écaille ; mais ce ne sont ni des tortues ni des limaces qui dicteront des lois au monde.

Tout autres étaient les proportions d'espacement pour les marches et les manœuvres dans l'armée prusso-allemande.

Nous avons déjà démontré que l'offensive des Prussiens n'a jamais lieu par une attaque en ligne, mais par les ailes.

C'est précisément leur incontestable habileté de manœuvre qui leur permit de prendre de bien plus grandes distances.

Les Prussiens, dans la défensive, n'occupaient les points importants qu'avec le moins de monde possible et pouvaient par là disposer constamment de forces très-considérables pour une offensive hardie. Ils réussirent presque partout à déborder les ailes d'un adversaire souvent plus de deux fois supérieur en nombre, et, par des attaques de flanc, à lui faire abandonner de fortes positions, et même à le forcer à capituler.

Au combat de Saarbruck, le chiffre total des troupes prussiennes engagées vers la fin de l'action fut au plus de 42,000 hommes, et l'étendue du terrain de plus de 6 kilomètres, c'est-à-dire environ 5 hommes par pas.

A Metz, le 16 août, moins de 100,000 hommes combattirent sur un front de 12 kilomètres, contre un nombre deux fois plus grand. Il faut donc compter 800 hommes par chaque kilomètre d'étendue de front ou 6 hommes par pas.

A Metz, le 18 août, le grand éloignement de l'aile droite française de la gauche prussienne ne permit pas la complète exécution de la marche projetée, et il en résulta une formation resserrée outre mesure.

Dans les combats postérieurs, l'espacement des Prussiens fut beaucoup plus grand. La cause n'en doit pas être attribuée seulement à l'infériorité de leurs adversaires : mais les combats de la première période avaient montré que les pertes dans les formations serrées se multiplient d'une façon effrayante, et que la force de l'attaque ne réside nullement dans la masse des aggresseurs, mais dans leur habileté et dans l'art de trouver juste le côté faible de l'adversaire.

Au combat de Querrieux sur l'Hallue, au nord-est d'Amiens, le 23 décembre 1870, Manteuffel attaqua la forte position de Faidherbe, dont j'ai déjà parlé, avec 25,000 hommes à peine, dont le front occupait 5/4 de mille, de sorte qu'il y avait à peine 2 hommes par pas.

A la fin de l'attaque concentrique sur la forêt d'Orléans, nous trouvons les troupes du prince Frédéric-Charles et du grand-duc de Mecklembourg dans la formation la plus profonde que les Prussiens aient prise dans cette campagne. Elle avait cependant encore une étendue de 2 milles pour des forces de moins de 100,000 hpmmes, c'est-à-dire moins de 5 hommes par pas, pendant qu'au commencement du combat ou en comptait seulement 2.

Au Mans, le 11 janvier 1871, le 3e corps d'armée occupait une longueur exacte de 8,000 pas, et sa force était de 16,000 hommes. Toutes les troupes qui combattirent dans cette journée, à l'exception du 13e corps qui fut détaché, prirent une formation un peu plus serrée, parce que le 10e corps ne vint pas tout entier se déployer. On peut estimer l'espacement à 5 hommes par deux pas.

Enfin, à Saint-Quentin, le 19 janvier 1871, il y avait au commencement de l'action environ 30,000 hommes pour 5 milles, ou 6,000 par mille, mais à la fin seulement 30,000 hommes pour 2 milles, ou 3 hommes pour 2 pas.

Il faut cependant se garder, parce que les Prussiens ont réussi, d'en tirer une conclusion pour le succès futur de cette tactique

Il vaudrait mieux rechercher d'abord ce qui n'a pas réussi aux Français et pourquoi ils ont échoué. Il est un fait certain, c'est que presqu'aucune attaque des Français n'aboutit contre des murs ou des retranchements défendus par les Allemands. Les Français n'obtinrent que quelques succès d'avant-postes, pendant qu'un nombre dix, vingt fois supérieur n'arrivait souvent à aucun résultat.

Ainsi : au Bourget le 21 décembre, à Villiers le 30 novembre et le 2 décembre, au combat du Mont-Valérien le 19 janvier, à Beaune-la-Rolande le 28 novembre et à Bazoches-les-Hautes le 2 décembre.

Toutes ces attaques étaient des offensives directes en ordre déployé ou plutôt en ordre irrégulier, sur des positions découvertes, contre des tranchées ou des murs défendus par l'ennemi.

Au lieu de tenir ferme sur le front et d'opérer sur les flancs du côté où la supériorité du nombre promettait la victoire, ce ne fut qu'une suite d'attaques, qui firent chaque fois de nombreuses victimes.

A Villiers, le 30 novembre, il y avait deux plateaux, à 600 pas des murs de jardins, occupés par deux bataillons wurtembergeois ; ou les prit et on les garnit de mitrailleuses, pendant que trois brigades françaises se trouvaient derrière. Au lieu de faire, couverts par les hauteurs, un mouvement de flanc, pour séparer Villiers de Noisy et s'avancer sur un terrain depuis longtemps mais non suffisamment fortifié, contre l'endroit appelé Tilliers, il n'y eut que des attaques continuelles contre les murs de jardin, dont les défenseurs résistèrent toute la journée.

La même chose arriva aux murs de jardins de la Bergerie, non loin des retranchements de Montretout, au-dessus de Saint-Cloud, le 19 janvier.

Je suis arrivé, en discutant toutes ces considérations, à être complétement persuadé que l'attaque à la baïonnette est seulement praticable avec un grand élan pour des détachements faibles ou déployés ; autrement il faut toujours employer l'offensive par les feux.

Le principe, qu'on ne doit chercher la décision que dans

l'offensive et que la défensive ne peut être considérée que comme une préparation à l'offensive, ne se trouve ainsi nullement altéré: il ne peut être détruit surtout par aucun changement dans l'armement.

Depuis l'introduction du fusil se chargeant par la culasse, l'effet des feux, aussi bien dans la défensive que dans l'offensive, a atteint un tel degré de puissance, que l'attaque à la baïonnette, dont l'action est restée la même, ne peut plus être employée contre eux.

La tactique des Français, dans la guerre qui vient de finir, nous donne la preuve, par l'insuccès de leurs nombreuses charges à la baïonnettes, que l'offensive directe contre le nouveau fusil bien employé reste sans effet; par contre la tactique prussienne nous montre que, par un habile emploi du fusil se chargeant par la culasse, l'offensive par les feux est un mode d'attaque, auquel la défensive ne peut que momentanément résister, quand un terrain découvert ne place pas l'agresseur dans une position par trop désavantageuse.

Tant que l'usage du fusil se chargeant par la bouche ne permit pas au fantassin le maniement vif et rapide de son arme d'ailleurs excellente, cette arme resta seulement défensive. Son emploi dans l'offensive était si difficile, que pour le succès d'un combat par les feux, il valait mieux des troupes bien dressées qu'une grande masse d'infanterie.

D'ailleurs, on peut maintenant comparer.

L'attaque par les feux, avec le fusil se chargeant par la culasse, ne rencontre plus d'obstacle devant elle.

Le plus grand mérite des généraux prussiens est assurément d'avoir réuni, avec une précision aussi extraordinaire, de grandes masses au point décisif et s'être ainsi trouvés partout où il était nécessaire supérieurs à l'ennemi. Il ne faut pas moins louer la tactique prussienne de n'avoir prodigué les grandes réserves qu'elle avait en main que dans les cas exceptionnels, dans des attaques en masse, en tâchant de soutenir la lutte avec les seules forces engagées.

Les Prussiens, et nous sommes, je crois, entièrement de leur avis, attachent une importance capitale à l'habile direction de l'offensive par les feux. Ils ont combattu avec un succès tel, qu'il ne pouvaient rien espérer de plus brillant.

Les Prussiens, pendant de longues années, n'ont ménagé ni l'argent ni la peine, pour apprendre à fond à toute leur infanterie les différents modes de combat par les feux.

Ce fut le triomphe d'une instruction sérieuse et intelligente, qui, dans un but toujours pratique, n'épargna ni temps ni travail, ni forces, ni patience, d'être arrivée à donner aux soldats une éducation guerrière.

L'habitude et l'habileté des marches, le sang-froid dans les feux et par suite une plus grande adresse, l'individualité et la confiance qui en résulte, telles sont les qualités avec lesquelles l'infanterie prusso-allemande, dès les premiers combats, a tenu tête aux Français, puis brisé leur résistance, et les a si bien ruinés, que des anciennes troupes françaises il ne reste plus que les débris inutiles, et jamais au monde armée n'a été si complétement abîmée et détruite, que l'armée française dans la dernière campagne.

Jetons un regard sur les innovations concernant l'infanterie, que les enseignements de la campagne viennent de faire naître.

Le nombre n'en est pas grand, et nous n'aurons que peu de changements à faire dans les ordonnances, pour élever les exercices de l'infanterie à un point qui réponde complétement à ce que peuvent réclamer les circonstances.

Pour augmenter l'aptitude à la marche, l'adoption des bottes et de marmites à deux portions pour chaque homme serait absolument nécessaire. Ces deux demandes sont déjà prises en considération par le ministre de la guerre, et la prompte distribution aux troupes de ces moyens essentiels de *réquisition* et de facilité pour la marche serait très-désirable.

Pour accroître l'adresse du tireur, il faut dans l'instruction du tir, telle qu'elle existe maintenant, adopter quelques modifications essentielles, pour habituer le soldat à tirer dans la campagne plutôt qu'à la cible. Il est aussi nécessaire, pour donner une instruction complète sur les feux de salve et relever par là la justesse des coups, ainsi que l'habileté à atteindre le but, que chaque jour le soldat d'infanterie s'occupe de cet exercice important. De même viser et faire feu sur des objets mobiles doit être l'objet d'exercices pendant les marches.

Pour augmenter l'individualité et l'ordre dans le tir, il faut, outre l'exécution incessante des dispositions déjà contenues dans le réglement d'instruction, exercer les soldats aux rassemblements et aux déploiements d'une manière plus déliée que les règlements ne nous l'indiquent aujourd'hui.

Le commandant de compagnie prussien peut, même sur le terrain le plus couvert, faire sans inquiétude pivoter ou déployer un détachement. Il sait qu'un mot de lui transmis de groupe en groupe, suffit pour transporter ses hommes réunis partout où il veut.

Chez nous on confond toujours rassemblement avec ralliement. Le rassemblement offensif en avant ou sur les flancs n'est pas encore bien compris et exécuté.

Les instructions manquent encore à cet égard de la précision nécessaire.

Il faudrait, en tenant compte de ces idées, donner une instruction détaillée sur le combat à faible distance en terrain couvert et découvert; elle rendrait complétement superflu le rapport que je viens de faire.

Enfin de nombreux et puissants motifs plaident en faveur

de la formation de la compagnie sur trois rangs, dont l'un est composé des meilleurs tireurs.

Les changements, dans le règlement d'instruction et d'exercice ainsi convenus, seront facilement réalisables et d'autant plus à désirer, que la simplification du carré sera étroitement liée avec eux.

Mais le point capital est l'instruction de détail de l'homme isolé. Se sentir indépendant, être convaincu de sa force et de son habileté, ne pas attendre avec inquiétude l'impulsion d'en haut, mais agir lorsqu'il le faut, sont les premières leçons qu'il faut donner au soldat.

Le soldat doit avoir aussi pleine confiance dans la direction de ses chefs, et savoir obéir sans restriction. C'est en cela que consiste la vraie discipline, et non dans une obéissance aveugle, passive et à contre-cœur, qui, sans la confiance, cesse d'exister lorsqu'elle est le plus nécessaire, au moment décisif.

Nous trouvons ces qualités dans l'armée prusso-allemande; elles y sont à un degré, que n'a peut-être atteint et n'atteint aujourd'hui aucune autre armée.

Chacun de ces membres s'efforce de remplir le cadre de ses obligations en toute conscience et avec zèle, et cherche sa récompense dans la satisfaction du devoir accompli.

Le ressort puissant, qui a rendu si grande l'armée prussienne, est *le sentiment du devoir*.

CH. TANERA, ÉDITEUR

LIBRAIRIE POUR L'ART MILITAIRE ET LES SCIENCES

RUE DE SAVOIE, 6, A PARIS

EXTRAIT DU CATALOGUE

ARTILLERIE (L') de campagne française; étude comparative du canon rayé français et des canons étrangers. Br. in-8°. 1 fr. 50

BORMANN. — Nouvel obus pour bouches à feu rayées. Br. in-8° avec planche. . . . . 2 fr.

CHARRIN. — Le revolver, ses défauts et les améliorations qu'il devrait subir au point de vue de l'attaque et de la défense individuelles. Br. in-8°. . . . . 1 fr.

CHARRIN. — De l'emploi d'un abri improvisé, expéditif et efficace pour protéger le fantassin contre les balles de l'ennemi. Le havre-sac pare-balles. Br. in-8° avec figures. . . 1 fr. 25

COYNART (DE). — Précis de la guerre des États-Unis d'Amérique. 1 vol. in-8°. . . . . 5 fr.

COSTA DE SERDA. — Les chemins de fer au point de vue militaire. Extrait des instructions officielles et traduit de l'allemand. 1 vol. in-8°. . . . . 3 fr.

FIX. — La télégraphie militaire; résumé des conférences faites à l'École d'application du corps d'état-major. Br. grand in-8° avec planche. . . . . 2 fr. 50

FRITSCH-LANG. — L'artillerie rayée prussienne à l'attaque de Düppel, d'après les auteurs allemands. Br. in-8° avec carte. 2 fr. 50

GRATRY. — Essai sur les ponts mobiles militaires. 1 vol. grand in-8° avec planches. . . . . 8 fr.

GRATRY. — Description des appareils de maçonnerie les plus remarquables employés dans les constructions en briques. 1 vol. grand in-8° avec de nombreuses gravures sur bois . . 6 fr.

HENRY. — Essai sur la tactique élémentaire de l'infanterie, mise en rapport avec le perfectionnement des armes. Br. in-8° avec figures . . . . 2 fr.

LE BOULENGÉ. — Études de balistique expérimentale. Détermination au moyen de la clepsydre électrique de la durée des trajectoires; expériences exécutées avec cet instrument; lois de la résistance de l'air sur les projectiles des canons rayés déduites des résultats obtenus. Br. in-8° avec planches. . . . 4 fr.

LECOMTE. — Études d'histoire militaire, antiquité et moyen âge. 1 vol. in-8º . . . . 5 fr.

LECOMTE. — Études d'histoire militaire, temps modernes jusqu'à la fin du règne de Louis XIV. 1 vol. in-8º. . . . . . 5 fr.

LECOMTE. — Guerre de la Prusse et de l'Italie contre l'Autriche et la Confédération germanique en 1866; relation historique et critique. 2 vol. grand in-8º avec cartes et plans. . 20 fr.

LECOMTE. — Guerre de la sécession; Esquisse des événements militaires et politiques des États-Unis, de 1861 à 1865. 3 vol. grand in-8º avec cartes. . . . . 15 fr.

LECOMTE. — Le général Jomini, sa vie et ses écrits. Esquisse biographique et stratégique. 1 vol. in-8º avec carte. 7 fr. 50

LIBIOULLE. — Le revolver Galand, nouveau système à percussion centrale et extracteur automatique. Br. in-8º avec fig. 1 fr.

LULLIER. — La vérité sur la campagne de Bohême en 1866, ou les quatre grandes fautes militaires des Prussiens. Br. in-8º. 1 fr.

MANGEOT. — Traité du fusil de chasse et des armes de précision, nouvelle édition. 1 vol. in-8º avec figures dans le texte. et planches . . . . 5 fr.

MARNIER. — Souvenirs de guerre en temps de paix : 1793, 1806, 1823, 1862, récits historiques et anecdotiques extraits de ses Mémoires inédits. 1 vol. in-8º. . . . . 3 fr.

MOSCHELL. — De l'effet du tir à la guerre et de ses causes perturbatrices. Br. in-8º. . . . . 1 fr.

ODIARDI. — Des nouvelles armes à feu portatives adoptées ou à l'étude dans l'armée italienne. Br. in-8º avec planche. . 2 fr.

ODIARDI. — Des balles explosibles et incendiaires. Br. in-8º avec planche. . . . . 2 fr.

PIRON. — Manuel théorique du mineur; nouvelle théorie des mines, précédée d'un exposé critique de la méthode en usage pour calculer la charge et les effets des fourneaux, et d'une étude sur la poudre de guerre. 1 vol. grand in-8º avec pl. 12 fr.

PIRON. — Essai sur la défense des eaux et sur la construction des barrages. 1 vol. grand in-8º avec planches. . . . 6 fr.

PLOENNIES (DE). — Le fusil à aiguille, notes et observations critiques sur l'arme à feu se chargeant par la culasse, traduit de l'allemand par E. Heydt. Br. in-8º avec planche. . . . 3 fr.

QUESTIONS de stratégie et d'organisation militaire relative aux événements de la guerre de Bohême, par un officier général (Jomini). Br. in-8º. . . . . 1 fr

SCHMIDT. — Le développement des armes à feu et autres engins de guerre, depuis l'invention de la poudre à tirer jusqu'aux temps modernes. 1 vol. in-8°, avec 107 planches. . . 10 fr.

SCHOTT. — Des forts détachés, traduit de l'allemand par Bacharach. Br. in-8° avec planche . . . . 2 fr.

SCHULTZE. — La nouvelle poudre à canon, dite poudre Schultze, et ses avantages sur la poudre à canon ordinaire et autres produits analogues. Traduit de l'allemand par W. Reymond. Brochure in-8°. . . . . 2 fr.

TACKELS. — Étude sur le pistolet au point de vue de l'armement des officiers. Br. in-8° avec figures . . . . . . 1 fr. 50

TACKELS. — Conférences sur le tir, et projets divers relatifs au nouvel armement. 1 vol. in-8° avec planches . . . 5 fr.

TACKELS. — Étude sur les armes à feu portatives, les projectiles et les armes se chargeant par la culasse. 1 vol. in-8° avec pl. 6 fr.

TACKELS. — Les fusils Chassepot et Albini, adoptés respectivement en France et en Belgique. Br. in-8° avec planches. 2 fr.

TACKELS. — Armes de guerre; Étude pratique sur les armes se chargeant par la culasse; les mitrailleuses et leurs munitions; le canon Montigny-Eberhaerd; le fusil Montigny; les fusils Charrin, Remington, Jenks, Cochran, Howard, Peabody, Dreyse, Chassepot, Snider, Terssen, Albini; les cartouches périphériques, etc., etc. 1 vol. in-8° avec planches. . . . . 8 fr.

TACKELS. — La carabine Tackels-Gerard, nouveau système de culasse mobile, dite à bloc, à percussion centrale pour armes de guerre. Br. in-8° . . . . 50 c.

TACKELS. — Le nouvel armement de la cavalerie depuis l'adoption de l'arme se chargeant par la culasse. 1 vol. in-8°, avec planches. . . . . 5 fr.

UNGER. — Histoire critique des exploits et vicissitudes de la cavalerie pendant les guerres de la Révolution et de l'Empire jusqu'à l'armistice du 4 juin 1813, d'après l'allemand. 2 volumes in-8° . . . . 12 fr.

VANDEVELDE. — La tactique appliquée au terrain. 1 vol. in-8° avec atlas . . . . 7 fr. 50

VANDEVELDE. — Manuel de reconnaissances, d'art et de sciences militaires, ou Aide-mémoire pour servir à l'officier en campagne. 1 vol. in-18 avec planches . . . . 5 fr.

VANDEVELDE. — Précis historique et critique de la campagne d'Italie en 1859. 1 vol. in-8° avec cartes et plans. . . 12 fr.

VANDEVELDE. — La guerre de 1866 en Allemagne et en Italie. 1 vol. in-8° avec cartes . . . . 6 fr.

VANDEVELDE. — Commentaire sur la tactique à propos du *Mémoire militaire* par le prince Frédéric-Charles de Prusse. Br. in-8°. . . . . 2 fr.

VARNHAGEN VON ENSE. — Vie de Seydlitz, traduit de l'allemand par Savin de Larclause. 1 vol. in-8° avec portrait et plans. 5 fr.

VERTRAY. — Album de l'expédition française en Italie en 1849, contenant 14 dessins, 4 cartes topographiques indiquant les opérations militaires, avec un texte explicatif. 1 vol. grand in-folio. 10 fr.

WAUWERMANS. — Mines militaires. Études sur la science du mineur et les effets dynamiques de la poudre (application de la thermodynamique). 1 vol. in-8° avec planches . . . 7 fr. 50

WAUWERMANS. — Applications nouvelles de la science et de l'industrie à l'art de la guerre. — Télégraphie militaire. - Aérostation. — Éclairage de guerre. — Inflammation des mines. 1 vol. in-8° avec figures. . . . . 4 fr.

NOUVELLES PUBLICATIONS

BAYLE. — L'électricité appliquée à l'art de la guerre. Br. grand in-8° avec planches. . . . . 3 fr.

BODY. — Aide-Mémoire portatif de campagne pour l'emploi des chemins de fer en temps de guerre, d'après les derniers événements et les documents les plus récents. 1 vol. in-18 avec planches . . . . 4 fr.

FIX. — Guide de l'officier et du sous-officier aux avant-postes, d'après les meilleurs auteurs. 1 vol. in-18 . . . . 2 fr 50

ODIARDI. — Les armes à feu portatives rayées de petit calibre. 1 vol. in-8° avec planches . . . . 3 fr.

PEIN. — Lettres familières sur l'Algérie, un petit royaume arabe. 1 vol. in-12. . . . . 3 fr.

POULAIN. — Lettres sur l'artillerie moderne, canon de 7 et gargousse obturatrice, le bronze et l'acier, mitrailleuse française. Br. in-8° . . . . 1 fr.

SUZANNE. — Des causes de nos désastres ; la proscription des armes et le monopole de l'artillerie. Br. grand in-8. . 2 fr.

Paris, Imp. H. Carion, rue Bonaparte, 64.

www.ingramcontent.com/pod-product-compliance
Lightning Source LLC
Chambersburg PA
CBHW060709050426
42451CB00010B/1340